ITINÉRAIRE
DE LYON
A LA BALME,

AVEC une Description détaillée de sa fameuse Grotte, l'une des sept merveilles du Dauphiné.

Par *M.* BOURRIT *l'aîné*,
Pasteur de l'Église protestante de Lyon,
Président du Consistoire.

A LYON,
Chez TOURNACHON-MOLIN, Libraire.

1807.

AVIS
DE L'ÉDITEUR.

La réputation de la grotte de la Balme, qui la fait ranger au nombre des sept merveilles du Dauphiné, y attire chaque année un grand concours de voyageurs, de peintres et de naturalistes. Cette grotte est, sur-tout pour les Lyonnais, le but d'une promenade d'été très-agréable et facile, mais les descriptions connues se trouvent enfouies dans des dictionnaires, des mémoires académiques ou des ouvrages volumineux qui ne sont pas à la portée de tout le monde; d'ailleurs à l'exception de la notice que M. le ci-devant marquis de la Poype inséra en 1784 dans le journal de Lyon, la plupart de ces descriptions sont trop inexactes pour satisfaire les amis de la vérité. En conséquence nous avons cru rendre service aux amateurs de voyages, en publiant les lettres de M. *Bourrit* fils sur ce beau monument de la nature; elles forment un manuel itinéraire dont l'intérêt, l'exactitude et les détails ne laissent rien à desirer.

ENVOI

A M. Bourrit,

Auteur des Descriptions des Alpes, Grand Chantre de la Cathédrale de Saint-Pierre à Genève, pensionnaire de sa Majesté l'Empereur et Roi, membre de l'Institut de Boulogne, etc.

Par son très-respectueux Fils aîné,
P. BOURRIT, Pasteur.

Ut succus refluat ad truncum.

PREMIÈRE LETTRE.

Route de Lyon à la Grotte de la Balme.

Puisque vos voyages dans les hautes-Alpes n'ont pu jusqu'à ce jour vous permettre de visiter la superbe grotte de la Balme, je vais tâcher de vous en donner une idée. Puissent les détails où j'entrerai, soit sur les beautés qu'elle présente, soit sur la route qui y conduit, vous intéresser assez pour vous engager à me procurer le plaisir de vous y accompagner; si cette relation me valait ce précieux avantage, je lui croirais un mérite, dont au reste je serais redevable à vos leçons.

Ce fut en 1782 que j'allai pour la première fois à la Balme avec notre respectable ami M. de la Poype, et dès lors je conservai le desir de la revoir. Ma natation dans son lac souterrain se retraçait souvent à mon esprit, comme l'effet d'une jeunesse ardente, forte, supérieure à toute espèce de crainte; et plus les années m'ont éloigné de cet heureux âge de la vie, plus j'ai trouvé de plaisir à me rappeler cet acte de témérité; comme si le souvenir de la vigueur qu'il suppose effaçait le chagrin de sentir qu'elle n'est plus. Semblable à ces vieux guerriers qui ne pouvant plus signaler leur bravoure, se consolent en racontant leurs anciens exploits, non seulement j'aime à parler de ma descente dans ces lieux sombres, mais encore j'aimerai toujours à les revoir, toujours je dirai : *Et hæc olim meminisse juvabit.* C'est peut-être ce sentiment autant que le goût des montagnes, héréditaire dans notre famille, qui m'a fait profiter avec joie de mon établissement à Lyon pour retourner plusieurs fois à la Balme.

Cette grotte, à huit lieues au levant de Lyon dans le département de l'Isère, est située à 20 minutes du Rhône dans l'intérieur d'une petite montagne ou plutôt d'une colline, car elle n'a que cent à cent vingt mètres de hauteur; elle fait partie de cette longue chaîne qui, vue du quai Saint-Clair à Lyon, forme comme le premier gradin des Alpes de la Savoie et du Dauphiné, dont elle semble être la base.

On peut se rendre à la Balme par la route de Meximieux, c'est même la seule praticable pour les grandes voitures ; mais je préfère celle de Pont-Chéry, qui est plus agréable lorsqu'on n'est pas trop pressé par le temps et qu'on veut aller en carriole, à cheval ou à pied. Je partis de Lyon à neuf heures du matin, pour prendre la carriole qui part tous les jours de la Guillotière pour Crémieux ; il en coûte trois francs par personne, et l'on peut être dix. On y trouve le plus souvent des habitans de la petite ville de Crémieux, et des Lyonnaises qui vont voir leurs enfans en nourrice, ou des nourrices qui emportent de nouveaux nés dans leur village : mais ce n'est pas ce qui rend la voiture agréable, à cause des besoins et des pleurs de l'enfance. Le chemin quoique large est très-mauvais ; dans certains endroits après la pluie, les roues s'y enfoncent à moitié rayons, et dans d'autres on est fortement secoué à cause des cailloux que les laboureurs ont coutume de jeter dans les chemins qui avoisinent leurs champs. Le pays quoiqu'assez bien cultivé, n'offre jusqu'à Mézieux aucun point de vue remarquable.

Ce village où l'on s'arrête pour rafraîchir les chevaux, est à deux lieues et demie de Lyon, il a sur la droite une jolie colline dominée par un château qui a échappé comme par miracle aux brigands incendiaires de la révolution : une troupe arrivée de Lyon les surprit et les dispersa, à l'instant même, où la torche à la main ils allaient y mettre le feu. Le Dauphiné est une des provinces où ils se signalèrent par leurs ravages.

De Mézieux au Pont-Chéry on compte deux lieues et demie, le paysage s'anime par plus d'inégalité dans le terrain et par le rapprochement des montagnes, dont les formes plus distinctes ôtent à l'horizon cet aspect vague qu'elles présentent lorsqu'elles sont trop éloignées.

Après le village de Janeyrat, la route côtoie la gauche d'un immense marais, ceint dans toute son étendue de petites hauteurs bien cultivées ; à l'exception de quelques points de ses bords où le Nénuphar jaune atteste la difficulté de le dessécher entièrement, il offre dans l'été l'image agréable d'une vaste prairie égayée par des troupeaux ; mais dans les autres saisons les eaux le recouvrent, et le temps qu'exige leur évaporation le rend alors aussi malsain qu'il est triste et fangeux. Quel service ne rendrait-on pas aux habitans de ces cantons si l'on pouvait parvenir à l'assainir et à le rendre à la culture(1)? Il paraît que la rivière de Pont-Chéry le traversait autrefois, et en faisait un petit lac converti en marais dès qu'elle a changé de cours.

De là au village de Pont-Chéry il n'y a qu'un quart de lieue, l'abord en est charmant, ses maisons cachées en partie par un bois de peupliers et de vernes paraissent plus jolies. On traverse le pont jeté sur la Bourbre, et l'on arrive sur une place assez étendue, bornée au couchant par des arbres et par la rivière qui fait tourner des

---

(1) Grace à la sagesse de S. M. le desséchement de tous les marais, et nominativement de celui-ci, vient d'être ordonné par la loi. (*Note de l'Editeur.*)

moulins. On y voit souvent des flottes de petits canards qui se jouent sur ses flots argentés. L'auberge est mauvaise, mais les hôtes en sont excellens ; la maîtresse surtout paraît pleine d'une bienveillance si cordiale qu'on préférerait presque être mal chez elle que mieux ailleurs.

Vous ne trouverez point sur les cartes de France, pas même sur la carte détaillée du département, le village de Pont-Chéry ; cependant c'est là où dînent presque tous les voyageurs ; et les agrémens du site font qu'on aime à y rester quelque temps.

Tandis qu'on préparait le dîner, j'allai me promener dans le bois en suivant la rivière ; elle y serpente avec une grace particulière ; de tout côté on aperçoit au travers du feuillage, des maisons, des agriculteurs, ou des troupeaux qui pâturent, et cependant on se croit parfaitement isolé. On entend ces bruits champêtres qui plaisent tant à l'oreille fatiguée du tumulte des villes ; on poursuit de l'œil mille petits poissons qui fendent une onde dont la clarté enchante lorsqu'on n'a vu depuis long-temps que les eaux tristement opaques de la Saône ou du Rhône ; on se plaît à voir cette aimable rivière réfléchir le ciel et ses nuages, les arbres, les buissons et les objets d'alentour; on compte les grains de sable de son lit, on aimerait à s'y baigner, ou rêver, lire et s'endormir sur ses bords.

A Pont-Chéry, on quitte la route de Crémieux pour prendre sur la gauche celle de Saint-Etienne ; ici, l'aspect du pays change entièrement, on traverse des champs immenses, ou plutôt des plaines de sable qui ne produisent qu'avec peine de chétives récoltes ; en vain y met-on parquer les brebis, le sol mobile ne se lie point aux racines, et ne leur fournit qu'une maigre substance. Cependant, le chemin bordé en partie d'arbres, n'est pas sans agrément, la vue du côté de l'est et du nord se prolonge fort au loin du côté de Lyon et dans la Bresse, tandis qu'on a devant soi cette chaîne de petites montagnes dont j'ai parlé ; leurs sinuosités se détachent d'autant plus qu'on s'en approche davantage, et occupent par leurs détails. Mais il est un moment du jour où ces montagnes offrent un coup-d'œil très-singulier, c'est celui où le soleil près de son couchant les colore. La partie qui avoisine le château de Hières, qu'on aperçoit sur la gauche, est composée de rochers taillés à pic à la hauteur d'une centaine de mètres, il y a dans leur coupe et leur direction une certaine régularité qui leur donne l'apparence d'une ville considérable ou d'une superbe suite de remparts, et l'illusion est telle qu'il faut discuter avec soi-même pour n'en pas être dupe. Ce sont ces mêmes rochers de couleur jaune qu'on remarque de Lyon l'après-midi ; ils peuvent servir d'indicateurs pour reconnaître la situation des principaux lieux du pays.

Le village de Saint-Etienne est placé sur une hauteur agréable et fertile, nous y couchâmes ; cependant malgré l'honnêteté de l'aubergiste et de sa famille, ce n'est pas un gîte à conseiller à ceux qui aiment leurs aises et qui n'ont pas l'habitude des lits et d'une cuisine de village ; mais nous étions à pied, il était tard et je voulais aller le lendemain au château de Hières qui n'est qu'à un quart de lieue de là, pour prendre des informations sur le sort de son ancien propriétaire avec lequel j'y avais passé en 1782, trois semaines de bonheur. Je m'y rendis dès le lendemain matin, occupé de tous mes souvenirs de jeunesse, mais l'ame attristée des cruels effets de la révolution dont M. de la Poype est encore aujourd'hui la victime.

A la forme moderne du bâtiment, je connus bientôt que l'ancien avait été la proie des flammes, j'appris du nouveau propriétaire, que M. de la Poype était en Amérique, et je dus à mes anciennes relations avec lui, des politesses auxquelles pour cette raison je fus infiniment plus sensible. Je remarquai dans sa maison de grands baquets pleins de beaux brochets morts ou sur le point d'expirer, et comme je m'étonnais d'une telle abondance, on me dit que ces poissons sortaient d'un joli petit lac situé entre le village et la montagne, qu'ils venaient d'y être empoisonnés par le chanvre de tout le pays qu'on y faisait rouir, qu'il n'y avait pas une maison dans l'endroit qui n'en fût embarrassée, et qu'on en perdait la moitié faute de consommateurs. Pourquoi les lois rurales ne s'opposent-elles pas à un abus si pernicieux, pourquoi n'emploie-t-on pas les moyens faciles découverts par la chimie, tandis que l'ancienne méthode corrompt tant d'eaux dont la salubrité est si souvent nécessaire ? Je dois pourtant avouer qu'ayant emporté trois de ces brochets à Salettes, nous les trouvâmes excellens, et n'en fûmes point incommodés.

Pardonnez, cette digression dont l'objet m'a fait sortir de la route de la Balme, mais après une absence de 25 années, pouvais-je passer si près d'un lieu où j'avais eu tant de jouissances sans m'occuper de celui qui me les avait procurées ? Sans l'amitié dont m'honora M. de la Poype, je n'aurais jamais été à la Balme, et je n'aurais point eu l'occasion de la décrire ; ses malheurs me le rendent plus cher, et je desire que vous regardiez cette relation comme une espèce d'hommage rendu à sa mémoire.

Hières n'est donc point la route directe de la Balme, c'est à St.-Etienne qu'il faut la prendre ; de là elle longe la montagne dont elle se rapproche toujours plus, les
points

points de vue sont agréables et variés ; on traverse des hameaux, et dans quelques endroits de jeunes bois fort touffus, dont le feuillage est si bas, qu'ils enferment le chemin sous de charmans berceaux de verdure; on ne croit plus faire une route, on croit se promener dans des bocages ordonnés à plaisir : tel est en partie l'abord du village de la Balme. Il se trouve presque adossé à la montagne, et plusieurs de ses maisons sont si proches de la grotte, qu'elle en est devenue comme une dépendance rurale; les habitans y déposent de la paille, du bois et toutes sortes d'objets qui y sont parfaitement abrités.

C'est probablement à l'existence de cette grotte que le village doit la sienne, son nom même l'indique; car les mots de *Balma* en italien, de *Baume* et de *Balme* dans l'ancien gaulois, ainsi que dans le patois de la Provence et du Dauphiné, signifient caverne ; sans doute c'est la raison pour laquelle la plupart des grottes de France et de Savoie s'appellent Balme, et que la caverne que l'on prétend avoir été habitée par sainte Magdelaine porte le nom de Ste.-Baume.

B

II.ᵉ LETTRE.

Description de la Grotte.

Avant d'entrer dans la grotte, dont le sol est élevé de quelques mètres au-dessus du village, il faut prendre un ou plusieurs guides avec des flambeaux. On n'a point ici le désagrément d'être harcelé, comme aux Glacières ou à la perte du Rhône, par une foule importune de gens qui s'offrent pour conducteurs. La commune ayant affermé le droit de conduire les étrangers, il en résulte un double bien ; le premier pour le village, auquel il assure un revenu dont le capital ne saurait lui manquer ; le second pour les voyageurs, certains de trouver dans leurs guides des hommes plus honnêtes et plus expérimentés. Les fermiers actuels sont Joseph Monet et Laurent Clerc, tailleur d'habit : ce dernier dont je me suis toujours servi, est un excellent homme, plein de complaisance et d'attentions ; il habite la maison la plus proche de la grotte, et fournit aux voyageurs les flambeaux nécessaires ; cependant il vaut mieux en apporter de Lyon, les siens sont souvent humides et brûlent difficilement, tandis qu'il importe autant pour la sécurité que pour l'agrément, d'être parfaitement éclairé. Outre des torches et des flambeaux qu'il faut faire porter aux conducteurs, je conseille à chaque personne de s'éclairer elle-même par une grosse bougie de table, on évite ainsi le désagrément de la fumée, on a une lumière plus fixe et l'on chemine mieux à son gré.

A quelques pas de son entrée la grotte offre un coup-d'œil de la plus grande beauté. Représentez-vous une immense ouverture, comme celle d'un arc-de-triomphe, taillée dans un rocher à pic, dont de jolis buissons qui recouvrent le sommet, forment le couronnement. A droite et à gauche, du lierre et des arbustes descendent en festons, et viennent se joindre à des plans inclinés de verdure, qui s'élèvent depuis le village jusqu'au rocher, comme pour en égayer les bases. En avant, une croix de pierre sur un tertre de gazon, quoiqu'uniquement placée pour inspirer une confiance religieuse, semble faite aussi pour embellir le site ; près de là un beau peuplier s'élance, ombrage légèrement la grotte et paraît en mesurer la hauteur. Mais ce qui donne à cette vaste ouverture un aspect tout différent de celui des autres grottes ; ce qui étonne, c'est d'y voir un bâtiment intérieur s'élever presque au niveau du ceintre de la voûte qui le recouvre ; c'est de voir un torrent sortir du fond de cet antre, rouler entre les bases de l'édifice et venir achever les devants du tableau. A cette vue, ô mon père ! m'écriai-je, que n'êtes-vous ici pour dessiner et peindre cet admirable ensemble (1) !

---

(1) M. Bourrit n'est pas moins connu par son talent pour la peinture que par ses descriptions des glacières ; c'est de ses dessins dont le célèbre De Saussure a dit : que *leur exactitude pouvait s'appeler mathématique, qu'il en avait souvent vérifié les proportions avec le graphomètre, sans pouvoir y découvrir d'erreurs, et que la gravure ne pouvait rendre la force et la vérité avec laquelle il exprime les glaces, les neiges, et les jeux infiniment variés de la lumière au travers des corps transparens.* Voyage aux Alpes par De Saussure, Discours prélim. *p.* 28. (*Note de l'Edit.*)

La plupart des relations de la Balme donnent à son ouverture une grandeur exagérée, on l'a portée jusqu'à 5o toises d'élévation ; or, comme l'œil se trompe facilement sur les grandeurs de ce genre, j'ai mesuré cette année les dimensions principales de la grotte, Mrs Binet père et fils, de Salettes, et M. Lurrin, curé actuel de la Balme, ont eu la bonté de m'aider dans ce travail et peuvent en certifier l'exactitude ; or, nous avons compté du lit du torrent au sommet de la voûte 92 pieds de hauteur perpendiculaire sur 63 de large. Ce qui achève de donner à ce vestibule de la grotte un air de grandeur et de majesté qui en impose, c'est qu'elle conserve ses belles proportions dans une longueur de 227 pieds. L'édifice dont j'ai parlé en occupe la partie antérieure ; il est composé d'un appartement pour un prêtre et de deux chapelles bâties l'une sur l'autre, surmontées d'une espèce de clocher ; on y monte par un escalier découvert qui conduit sur une plate-forme servant de parvis à la chapelle de St. Jean, et à celle de la Vierge. C'est de là qu'on jouit d'une vue unique dans son genre.

Devant soi, on a le village, la plus riante verdure, et les campagnes qui paraissent encadrées dans l'ouverture de la grotte. Qu'on se retourne, et la terre semble montrer ses entrailles. Des cavités où un faible jour laisse voir à peine des blocs immenses confusément entassés, les débris d'un torrent impétueux, les rocs éboulés et les renversemens les plus terribles des montagnes, tels sont les objets qui frappent les regards, *est descensus Averni ;* on ne voit point de stalactites, rien d'uniforme; de distance en distance, pendent des crêtes de roc, et de larges ouvertures par lesquelles elles s'éclairent les unes les autres, les rendent assez semblables aux ruines de quelque château antique vues dans un sens renversé; partout des excavations profondes font présager des souterrains et des objets nouveaux.

A l'impression que produit le contraste de ces deux vues, il faut ajouter celle des pensées religieuses auxquelles là tout ramène. Outre ces mots, *Sancte Johanne Baptista, ora pro nobis,* on lit cette phrase inscrite sur le seuil de la porte : *Malheur à ceux qui profaneront la sainteté de ce lieu.* Or, qui pourrait profaner un tel sanctuaire ! Il me semble qu'il doit prêter à la majesté du culte, et que toutes les têtes dans l'attitude du plus profond respect, doivent se tourner vers la voûte de cette noble basilique, pour admirer et bénir la main qui la posa.

Un habile peintre décorateur, frappé des beautés du vestibule de la grotte, dont ma lettre ne peut donner qu'une faible idée, m'a dit en avoir transporté avec succès plusieurs dessins au théâtre, je ne m'en étonne point : lorsque je visitai la Balme pour la première fois, je pensai retrouver tout ce que l'imagination m'avait figuré dans l'enfance, en lisant les descriptions des retraites des magiciens et des fées dans les Mille et une Nuits, ou les brillantes rêveries de l'Arioste. Aujourd'hui il me semble que la Balme devrait avoir donné lieu à toutes ces fictions, et que la fameuse Antiparos ne la saurait surpasser.

Les chapelles dont j'ai parlé ne servent point au culte journalier ; on n'y vient en procession que dans des cas extraordinaires de calamité, et le 15 août de chaque année, pour y célébrer une messe solennelle en l'honneur de Notre-Dame ; alors on y accourt de cinq ou six lieues à la ronde ; aujourd'hui les bons Français du voisinage ont un grand motif de plus de s'y rendre pour solenniser ce jour.

Après avoir joui à loisir du spectacle de la grotte vue de la plate-forme, nous allumâmes nos flambeaux et nous suivîmes le torrent; il fallut gravir au milieu de ses décombres qui semblent ne laisser aucune approche ; leurs masses énormes, leur entassement, la forte inclinaison du terrein, arrêtent à chaque pas ; la voûte s'abaisse, la route change de direction, et l'on perd entièrement la lumière du jour.

A l'endroit où la grotte se divise en deux branches, nous suivîmes celle de la gauche qui conduit au lac ; après avoir gravi assez péniblement, sans rien trouver de remarquable, à l'exception d'une grande coquille pétrifiée que je découvris sur un bloc de pierre au bord même de la route, nous arrivâmes au pied de cet amphithéâtre de bassins dont tous les Auteurs font mention ; là, sur une largeur de 18 pieds les eaux ont creusé une multitude de bassins demi-circulaires, qui par une suite de petites cascades versent leur onde les uns dans les autres ; le sédiment dont elles ont recouvert le rocher est d'un blanc mat, on croit voir des bénitiers faits avec soin ; le ciseau ne saurait rien faire de mieux fini, et leurs rebords arrondis avec grace forment autant de lèvres bien polies, terminées en larmes régulières de la plus grande délicatesse. Ces bassins dont j'ai compté près de cinquante, paraissent en former trois principaux qui sont comme la base des autres ; ils se modifient en une quantité de plus petits, semblables à ces grandes couches de rochers qui sont elles-mêmes subdivisées en un grand nombre de plus petites. Je ne saurais mieux vous en donner l'idée, qu'en empruntant les expressions d'un poëte latin du 16.ᵉ siècle qui les a décrits avec autant d'exactitude que d'élégance dans les vers suivans :

Fons erat illimis nitidâque argenteus undâ
Quam circumtectum niveâ lanugine saxum,
E vitreo saliente jacit, sonat unda, solumque,
Irrigat; hinc aberant artes, ut suppleat artem,

Craterem natura facit, lapidemque cavatum
Circinat, et conchâ pretiosas excipit undas.
Cumque redundarent pleno cratere, dat orbes
Ingeniosa novos et puri fontis amica,
Mygdonio fingit varias è marmore conchas.

La mairie de la Balme a sagement défendu de rien casser de ces bassins, parce qu'ils sont un de ces jeux rares de la nature qu'elle forme lentement, et l'une des curiosités les plus intéressantes de la grotte.

A côté de ces bassins sont deux petites ouvertures par où l'eau s'élance en jet lorsqu'elle est abondante, mais alors on ne peut aller plus loin ; pour pénétrer plus avant, il faut que les eaux soient basses et le torrent à sec. Au-dessus des bassins, le sol sur lequel on marche mérite d'être examiné : le sédiment qui le recouvre est agréablement cizelé, et vient aboutir à une petite colonne semblable à un tronc d'arbre, dont les racines forment sur le terrain des protubérences qui s'effacent insensiblement ; sans doute qu'en filtrant sur le rocher les eaux y ont déposé la matière blanche des stalactites, l'ont arrondie, modelée, et y ont gravé les jolies configurations qu'on y remarque ; cependant pour les voir il faut les considérer de très-près ; ce sont de ces agrémens de détail auxquels beaucoup de gens ne font aucune attention ; c'est-là où j'ai mis l'inscription dont je parlerai plus bas, et d'où pour arriver au lac il faut descendre presqu'autant qu'on a monté depuis le grand vestibule ; cette descente n'est ni agréable ni facile.

Le roc au bas duquel il faut descendre, est coupé verticalement ; mais dans le haut il est lavé et arrondi comme si les eaux venaient de l'entrée de la grotte et non du lac ; le bas de ce mur représente des franges en larmes de demi-pied, tellement uniformes qu'on les dirait sculptées par quelqu'habile ouvrier ; mais ce qui m'en a surpris davantage, c'est que le mur les surplombe de quelques pouces, comme pour les préserver de la chûte des objets extérieurs ; il faut qu'il y ait là un reflux, sans lequel je ne saurais concevoir que les eaux du lac, qui semblent devoir venir frapper ces franges, ne les aient pas détruites.

Plus avant on se trouve engagé dans des

espèces de puits placés à côté les uns des autres, et n'ayant pour séparation que des parois de quelques pouces d'épaisseur; les formes qu'ils affectent sont la carrée, la triangulaire et leurs composées. Semblables à de grands bassins de fontaine de quatre à huit pieds de profondeur, ces puits ont leurs cloisons presque verticales, et recouvertes d'un limon glissant, ce qui en rend le passage très-scabreux ; il faut s'aider des mains, se soutenir, s'éclairer les uns les autres, soit pour monter, soit pour descendre, et l'on peut aisément faire de mauvaises chûtes ; vous jugerez de la difficulté de ce passage par celle qu'y éprouvent les chiens ; deux fois j'y en ai mené et deux fois, malgré leur agilité et leurs efforts, ils y ont été pris comme dans des fossés, sans pouvoir s'en sortir, il a fallu les y laisser jusqu'au retour du lac et souffrir les sons douloureux de leurs hurlemens ; ces animaux ne sont guère moins embarrassans dans la branche de la grotte qui conduit à la salle des chauve-souris, ou au labyrinthe ; s'ils faisaient la même route au grand jour, peut-être la feraient-ils aisément, mais réduits à suivre à la lueur des flambeaux et privés de la raison qui nous guide, ils se tiennent aussi près que possible de leurs maîtres, se placent souvent entre leurs jambes, et s'ils n'occasionnent pas de chûtes, au moins sont-ils très-incommodes. Si le passage des puits était moins court, je ne conseillerais pas aux dames de l'entreprendre.

La formation de ces bassins me paraît difficile à concevoir, à moins de supposer au-dessus d'eux, des points d'écoulement par lesquels les eaux en tombant de la voûte, auront pu les creuser à la longue. De là on arrive d'abord au lac par un plan uni et légère- ment incliné.

La voûte qui le recouvre peut avoir 12 ou 15 pieds sur une même largeur, elle s'étend sur une eau calme et transparente qui réfléchit agréablement la lumière; cependant on est moins frappé de ce qu'on voit que desireux de connaître d'où vient ce lac et quelle en est l'étendue; ici l'imagination est bien plus occupée que les yeux. Lors de mon premier voyage avec M. de la Poype, je comptais sur le bateau qu'il y avait fait transporter deux années auparavant ; mais il se trouva brisé, pourri, et pour toujours hors de service ; M. de la Poype qui s'était souvent donné le plaisir de cette navigation souterraine, fut peu sensible à cette perte ; mais elle me chagrina tellement, que pour satisfaire ma curiosité je résolus de pénétrer au bout du lac à la nage ; une autre lettre vous apprendra quel fut le succès de ma témérité.

En revenant sur nos pas, nous visitâmes les autres branches de cette grotte, toutes plus ou moins intéressantes par leur étendue, la variété de leurs formes, ou par la multitude de leurs excavations ; je grimpai dans l'une d'elles, d'où par une espèce d'embrasure, je voyais les personnes qui m'attendaient, j'étais tantôt au-dessus, tantôt au-dessous d'elles ; ce qui produisait des jeux de lumière quelquefois très-singuliers. Plusieurs de ces excavations ont la forme d'entonnoir, et par-tout on y découvre un limon fin, sillonné comme si l'eau y avait coulé récemment. Je remarquai aussi à la voûte, quelques enfoncemens circulaires d'un à trois pieds environ de diamètre, assez semblables à des canaux ; mais pour les bien examiner, il faudrait avoir de longues échelles, ou les éclairer par des flambeaux élevés sur des bâtons ; cependant je ne trouvai point de filtration considérable, et l'inspection de toute la grotte me persuade que ces entonnoirs sont d'anciens points d'écoulement obstrués, et que c'est seulement à l'extrémité du lac que sont ceux par lesquels les eaux de la montagne y descendent.

La seconde branche principale de la grotte prend son origine au fond du grand vestibule où sont les chapelles, elle s'étend à droite de la première, et par ses décombres plus immenses, paraît avoir souffert de plus violentes secousses ; son sol est aussi plus élevé ; au premier abord les rochers sont si grands, si forts entassés qu'elle paraît inaccessible, et j'ai vu plusieurs personnes, même des jeunes gens, ne pas oser entreprendre de les franchir ; cependant en faisant quelques détours, ou en s'aidant un peu des mains on parvient aisément au-dessus, et l'on est bien dédommagé de sa peine par l'aspect du grand vestibule, dont à la faveur d'un peu de jour qui pénètre jusques là, on voit encore une partie; néanmoins il serait très-dangereux de laisser éteindre les lumières, il serait presqu'impossible de ne pas se précipiter au travers des rochers. Après quelques instans de marche on arrive par un chemin assez facile, à un stalagmite de cinq pieds de hauteur; sa forme lui a fait donner le nom de capucin; en effet on croit voir un corps surmonté d'une tête encapuchonnée, les eaux y ont sillonné des plis de robe; une partie creusée assez profondément paraît détacher une manche, mais les proportions assez bonnes en 1782, ont augmenté depuis; ce capucin a pris beaucoup trop d'embonpoint, et dans quelques années, s'il continue de grossir, il ne sera plus reconnaissable.

En avançant davantage on trouve la salle dite des *Chauve-souris*, parce qu'il y en a une si prodigieuse quantité qu'elles tapissent les rochers; leur vol est souvent incommode, et leur fiente sur laquelle l'air agit peu, s'y conserve sans se dénaturer,
elle

elle répand une odeur méphitique presqu'insupportable, et rend le terrain très-glissant ; malheur aux dames habillées en blanc qui viendraient à tomber. Chaque année les habitans du village enlèvent ce fumier qui fait un excellent engrais.

Cette branche de la grotte se maintient jusqu'au bout dans une assez grande largeur, elle paraît avoir été le lit d'un lac ; le sol en est uni, il est formé d'une roche dont toutes les inégalités sont arrondies et recouvertes d'un sédiment grisâtre; on y voit quelques stalagmites ayant la forme de mamelles ou de rotules.

A l'extrémité du souterrain il y a un stalactite très-remarquable ; il forme un grand bassin polygone de plusieurs pieds de diamètre, du milieu duquel s'élève un groupe arrondi qui atteint à la voûte ; l'eau en filtrant le long de cette colonne qu'elle doit avoir formée, vient remplir le bassin. C'est sans doute le capucin, ce stalactite et quelques autres qui ont inspiré au poëte que j'ai déjà cité, la description suivante.

. . . . De montibus humor
Liquitur ; hinc lacrymæ stillant atque aëre tacto

Congelat in varias lapidescens gutta figuras.
Illic pyramides, obelisci, vasa, columnæ
Apparent oculis, quorum pars fornice pendet,
Pars teritur pedibus ; necnon simulacra ferarum
Saxea terrorem faciunt; hinc recta videri
Forma potest hominis, rudibus tamen aspera signis,
Nec satis humanum referens in marmore vultum;
Sunt fructus cum fronde suâ, sunt ficta volucrum
Corpora, sunt variis intorti flexibus angues.

En revenant sur ses pas, on peut encore visiter avec plaisir de petites excavations, semblables aux crevasses perpendiculaires du glacier des Bossons ; elles ont peu de largeur, mais varient de cinq à vingt pieds de hauteur, leur grand nombre fait un labyrinthe où il est dangereux de s'engager sans un guide expérimenté, comme je l'ai éprouvé une fois. Ces crevasses et leurs détours sont si multipliés que je m'y trouvai dans le plus grand embarras, j'avais autour de moi des ouvertures si ressemblantes entr'elles que nous ne pouvions reconnaître celle qu'il fallait choisir, et quelques pas faits mal-à-propos pouvaient nous égarer encore plus ; nous ne savions de quel côté nous tourner, il semblait que la montagne se fût resserrée sur nous, aucune ouverture n'était assez large pour y passer le corps. Cependant à force de tentatives et de peines nous retrouvâmes la bonne issue, mais je me promis bien de n'y pas retourner sans le fil d'Ariane pour ne pas expirer dans ce triste dédale, où plus d'une fois il faut marcher de côté, se traîner sur le ventre, salir, déchirer ses vêtemens et s'exposer au sort de cet Anglais, qui en visitant la grotte entre Cluse et Maglan, sur la route de Chamouni, ne put sortir d'un de ses défilés qu'en sacrifiant les chairs de ses trop larges épaules. C'est cependant ce qu'on appelle ici *l'appartement du Roi*. Malgré mes peines, je dirais presque mes angoisses, j'y eus une agréable surprise. En serpentant dans le labyrinte nous arrivâmes dans la partie de la montagne qui forme la voûte du grand vestibule; placé perpendiculairement au-dessus de l'Eglise, je la voyais par un trou avec le torrent, ses décombres et une petite portion de la campagne, ce qui faisait un coup d'œil singulièrement pittoresque.

III.ᵉ LETTRE.

Description du Lac de la Balme.

Quoique M. de la Poype m'eût donné tous les détails desirables sur le lac de la Balme, quoique je susse qu'il était d'une médiocre étendue, et méritait plus le nom de ruisseau que le titre pompeux de lac, cependant j'attachais le plus grand prix à en juger par moi-même ; je songeais toujours à ce que rapporte Mézeray, que François I.ᵉʳ y avait fait transporter un bateau, et avait accordé leur grace à deux criminels qu'il y avait fait embarquer, pour l'examiner au péril de leur vie ; je voulais contempler ce gouffre affreux dont ils avaient parlé ; je croyais que c'était là seulement qu'étaient les choses merveilleuses qui avaient valu à la grotte d'être rangée parmi les sept merveilles du Dauphiné, et que je n'avais rien vu, tant que ce lac restait à voir ; peut-être encore suffisait-il pour enflammer mon imagination, de la difficulté de le visiter et du desir de la vaincre ; quoi qu'il en soit, je réfléchis au château de Hières, sur les mesures les plus propres à faciliter mon expédition, et je partis pour l'entreprendre. M. de la Poype (sans doute pour ne pas m'encourager dans une tentative téméraire, en piquant mal-à-propos mon amour propre,) ne voulut pas m'accompagner ; mais il me donna un de ses domestiques excellent nageur, qui promit de me suivre par-tout.

J'avais fait des chandeliers aquatiques avec des plaques de liége, et un corselet de même matière pour n'avoir pas à craindre les dangers d'une trop longue natation. Arrivé au village de la Balme, je disposai un montant d'une échelle de 8 pieds, rond d'un côté, plat de l'autre, pour recevoir des chandelles dans les trous vides faits pour les échellons. J'adaptai ensuite à chaque extrémité de ce nouveau candelabre, une petite planche clouée en travers pour l'empêcher de chavirer ; j'y attachai encore une boîte où je mis une sonde, un thermomètre, le nécessaire pour rallumer mes lumières au cas qu'elles s'éteignissent, ma montre, une carte hydrographique du lac que m'avait tracée M. de la Poype, et tous les autres objets que je crus devoir m'être utiles ; ce fut avec cet attirail que j'entrai dans la grotte. Il serait difficile de vous exprimer l'étonnement des habitans du village, plusieurs m'accompagnèrent en déplorant ce qu'ils appelaient ma folie, ils ne doutaient pas qu'elle ne me conduisît à ma perte ; mais je m'inquiétai peu de leurs sinistres présages.

A chaque pas je tremblais pour mes préparatifs, cependant malgré les décombres et les puits, ils arrivèrent heureusement à leur destination. J'attachai mes chandeliers de liége à quelque distance les uns des autres avec de la ficelle, que j'arrêtai à l'extrémité postérieure de ma branche d'échelle ; je fixai mes autres lumières dans les trous disposés pour cela, et je mis à flot cet équipage. Je me déshabillai le plus promptement possible pour n'être pas saisi par le froid, mais le domestique n'en faisait pas de même, il prêtait l'oreille aux discours de ceux qui disaient tout bas que j'allais me noyer. L'aspect de ces lieux sombres, cet embarquement nocturne, ce canal tortueux, ces eaux qu'il découvrait au loin à la lueur des flambeaux, tout abattit son courage; cependant pressé par mes railleries, il se mit dans l'eau jusqu'aux genoux; mais il pâlit, et m'assura en tremblant que l'eau était trop froide, qu'il ne saurait la supporter, puis enfin, qu'il ne m'y suivrait pas pour tous les châteaux de son maître; rien ne put l'ébranler, il fallut donc me résoudre à m'avancer seul sous ces voûtes souterraines; j'hésitai quelque temps, mais la curiosité l'emporta; je contemplai mon petit armement, je m'indignai d'avoir balancé, et je me mis à la nage.

Sous le bras gauche, je tenais ma branche d'échelle qui me servait d'appui, tandis que je me dirigeais du bras droit et des jambes : cette manière de nager soulage beaucoup, permet une attitude plus perpendiculaire, plus commode, et laisse presque l'usage des mains. Quelques coups que je me donnai me firent apercevoir que je pouvais prendre pied; alors je marchai quelque temps à moitié hors de l'eau, et je pus me familiariser avec l'endroit extraordinaire dans lequel je m'étais enfoncé.

Ayant bientôt perdu le fond, je nageai avec lenteur, pour éviter tout accident.

La fraîcheur de l'eau, la pureté de l'air, tout avait disposé mes organes de manière que jamais ils ne se prêtèrent à de plus douces sensations. J'étais hors de la vue de mes guides, (les sinuosités du lac ne permettant pas de le voir dans son ensemble,) je les appelai de toutes mes forces, je prêtai l'oreille, et une espèce de bruissement précéda le son qui m'apporta bientôt leur réponse; puis comme si j'eusse rompu par-là tout rapport avec les hommes, je tombai insensiblement dans une sorte d'extase; j'oubliai le but de mon voyage, je sortis de l'eau pour m'asseoir sur la saillie d'un rocher, qui forme une étroite presqu'île, et je m'abandonnai tout entier à la méditation. Mes regards attentifs parcouraient doucement la voûte de la grotte; l'éclat de mes lumières dans ces lieux de ténèbres, la limpidité des eaux qui les réfléchissaient, le sillon d'or formé par leur longue traînée, et le profond silence qui régnait autour de moi, occasionnèrent dans mon ame une émotion secrète, qui tenait le milieu entre la crainte et le ravissement ; j'oubliai le monde, ou plutôt je n'y pensai que pour lui dire comme un éternel adieu. Une montagne me recouvrait, une montagne m'interceptait la lumière du ciel, je ne respirais plus un air commun à tous les hommes ; j'habitais une autre sphère. Quelquefois aussi, je croyais que la voûte entr'ouverte allait m'abîmer sous ses ruines ; ou qu'une masse d'eau s'élevant jusqu'à elle, allait m'ensevelir dans son sein : cependant ces idées ne m'effrayaient point, elles étaient bientôt absorbées par le souvenir du grand Auteur de la nature ; je ne voyais plus que lui, je me croyais seul en sa présence ; les murs, les voûtes, le lac, me paraissaient un temple, où tout portait son empreinte ; je le contemplais dans ses œuvres, mon ame attentive croyait le voir, le sentir, et dans un enthousiasme que je n'éprouvai que là, je fis retentir la grotte du chant d'une ode du grand Rousseau, dont la sublimité répondait à l'exaltation de ma pensée.

Revenu de cette espèce d'ivresse religieuse, dont il serait difficile d'exprimer le charme, je repris ma natation et j'arrivai dans un endroit, où la voûte plus exhaussée et le lac plus étendu, forment une espèce de rotonde, qui semble n'avoir point d'issue ; au premier coup d'œil je crus avoir terminé ma course, néanmoins en faisant le tour de ce bassin, où mes lumières produisaient le plus charmant effet, je trouvai une ouverture, mais si basse et si étroite, qu'il me fallut beaucoup de précautions pour y passer ma personne et mon équipage. Ce fut alors que j'entendis un petit bruit semblable à celui d'un ruisseau ; j'eus d'abord une légère frayeur, mais dont je revins presqu'aussitôt, en pensant que j'allais trouver l'endroit par lequel les eaux se rendent dans le lac : cependant mes recherches furent infructueuses, et je compris que ce murmure des eaux n'était occasionné que par les vagues que je faisais en nageant, qui allaient doucement se briser contre les parois du rocher.

Parvenu à l'extrémité du lac, j'en cherchai inutilement la source, et dans tout le temps de ma natation qui dura une heure, je n'entendis pas la moindre goutte tomber dans l'eau, je la trouvai d'un calme parfait; et si la source eût été dans le lac même, je l'aurais certainement découverte à cause de son extrême limpidité qui permet par-tout d'en voir distinctement le fond. Je ne restai pas long-temps à l'extrémité du lac, où je ne découvris rien d'aussi intéressant que je l'avais d'abord supposé; je me hâtai donc de revenir, la faim me dévorait; d'ailleurs mes chandelles répandaient une fumée qui ne trouvant pas d'issue, m'affectait sensiblement la poitrine, un frisson refroidissait mon ardeur, et ma curiosité satisfaite n'avait plus d'aliment.

Au retour, un peu avant la fin de ma navigation, j'aperçus la lueur répandue par les flambeaux de mes guides; bientôt après, je les vis eux-mêmes, et malgré leur peu de courage, j'éprouvai un sentiment de plaisir difficile à dépeindre : leur joie ne fut pas moins vive que la mienne, ils ne doutaient plus de ma mort, et se disposaient à partir lorsqu'ils m'aperçurent; le froid m'avait saisi au point que je ne me sentais plus, ils furent obligés de m'habiller.

De mes 18 flambeaux, il n'en restait

plus que trois ; diverses circonstances, l'humidité de l'air, l'eau, quelques chocs les avaient éteints successivement ; je ne m'étais point aperçu de cette diminution de lumière, et si ma navigation eût été plus longue, il est vraisemblable que je me serais trouvé tout-à-coup dans une obscurité profonde ; ma petite cargaison était mouillée, je n'aurais pu rallumer mes chandelles, que serais-je devenu ?

Malgré mon engourdissement, je gravai sur le stalactite dont j'ai parlé, entre les bassins et les puits, l'inscription suivante qui subsiste encore.

Le 27 août 1782, P. Bourrit, fils de l'auteur des Descriptions des Alpes, est allé à la nage au bout de ce lac.

Cette petite vanité faillit m'être funeste, je restai si long-temps à l'ouvrage, qu'il était nuit lorsque je sortis de la grotte ; en retournant coucher à Hières, j'eus constamment la pluie sur le dos, et quelques jours après je pris une fièvre bilieuse et maligne, dont je ne me relevai que par les tendres soins de M. de la Poype.

Actuellement, rien n'est plus facile que d'aller au bout du lac, et déjà cette année, plusieurs voyageurs, des dames même, n'ont pas craint de le visiter ; les fermiers y ont établi un bateau qui peut contenir plusieurs personnes ; la connaissance parfaite qu'ils ont acquise dans leurs fréquens voyages, du lieu, des difficultés et des précautions à prendre, ôte à cette petite navigation presque toute espèce de danger. Cependant je crois devoir avertir, d'après l'expérience que j'en ai faite dans mon dernier voyage, que la peine quelquefois peut passer le plaisir : le bateau qui n'est jamais exposé à l'air libre, s'y imprègne de la plus forte humidité ; comme la furface des rochers il s'enduit d'un sédiment qui le rend part-tout glissant ; le genre de la manœuvre nécessaire pour le conduire, ne permet pas de s'y asseoir commodément ; dans quelques endroits où la voûte s'abaisse, il faut se baisser aussi soi-même d'une façon très-incommode ; dans d'autres où le passage n'a pour ainsi dire, que la largeur du bateau, on se heurte contre les murs, et si l'on est plus de trois ou quatre, on chemine d'une manière très-fatigante ; ajoutez que l'attention qu'il faut avoir, soit pour garder l'équilibre, soit pour conserver ses lumières, souvent prêtes à s'éteindre, distrait, et empêche d'observer et de jouir. Il est vrai qu'occupé, soit à jeter la sonde, soit à examiner le thermomètre, soit à mesurer la longueur du lac, soit à prendre avec une perche l'élévation de la voûte, soit à casser différens morceaux de rochers, soit enfin à noter mes observations; il est vrai, dis-je, que j'ai dû éprouver plus d'embarras qu'un autre.

Je ne dois pas oublier qu'il fallait pour mesurer le lac, placer quelqu'un sur la presqu'île dont j'ai parlé. Le jeune Binet qui n'avait pas douze ans, offrit d'y descendre ; mais par malheur le flambeau que nous lui avions laissé s'étant éteint, il fut dans la plus profonde obscurité ; sa place était fort étroite et glissante, ce qui l'exposait à tomber dans l'eau s'il faisait quelques pas. Ce fut en vain qu'il nous appela, nous n'entendîmes rien, et s'il était tombé, nous serions probablement venus trop tard à son secours. Qu'on se figure l'angoisse d'une telle position ; cependant il ne perdit pas courage, et demeura trois quarts d'heure dans une attente que bien des gens ne supporteraient pas sans se livrer au désespoir.

IV.e LETTRE.

Mesures des principales dimensions de la Grotte et du Lac.

Après vous avoir tant parlé de la grotte et du lac, vous me demanderez sans doute, quelle est leur étendue. Hélas ! il est à craindre que ma réponse ne diminue beaucoup la haute idée que vous en avez conçue ; j'appréhende que la commune de la Balme, en établissant un bateau sur son lac, n'ait porté une rude atteinte à ce merveilleux, dont on environne si souvent les objets inconnus, et dont jusqu'à présent l'idée a toujours accompagné celle de la Balme. Peut-être aussi pour la gloire de mon expédition, devrais-je garder pour moi les mesures que j'ai prises, car elles réduisent la Balme à une grandeur bien moindre que celle qu'on lui suppose. En effet, il est peu de personnes, quoique de très-bonne foi, qui n'en exagèrent pas les dimensions; parce que les difficultés de la marche, la variété des formes, sur-tout la lumière faible et vacillante des flambeaux y abusent l'œil, et font voir les objets plus en grand. C'est probablement la raison pour laquelle il y a tant de différences entre les évaluations données par les Auteurs qui ont décrit la Balme : La table suivante va la réduire à sa véritable étendue.

	Pieds.
La voûte d'entrée a dans sa plus grande élévation.	92
Sa largeur est de	63
La plate-forme de l'Eglise est élevée au-dessus du torrent de	43
Les parties les plus hautes de la voûte du lac ont	30
Dans sa plus grande largeur il n'en a que .	25
La profondeur de l'eau est au plus de . .	12

Je n'ai pas mesuré la hauteur des autres parties de la grotte, parce qu'elle varie beaucoup trop, mais nulle part elle n'égale celle de l'entrée. J'ignore aussi la juste longueur de sa branche droite, cependant je ne la crois pas moins grande que la gauche, même en y comprenant le lac.

	Pieds.
Longueur du vestibule depuis l'entrée jusqu'au point où la voûte s'abaisse, . . .	227
De ce point jusqu'à la coquille pétrifiée, .	82
De la coquille au premier bassin, ...	109
Du 1.er bassin à mon inscription, ...	36
De l'inscription aux puits, ...	47
Des puits jusqu'au bateau, ...	111
Somme totale depuis l'entrée jusqu'au lac, .	612
De l'entrée du lac jusqu'à la presqu'île, . .	113
De la presqu'île à l'extrémité du lac, . . .	244
Longueur totale du lac, ...	357

Ainsi donc, il n'y a de l'entrée de la grotte au bout du lac que 969 pieds, ou 161 toises et demie, qui font à peine un demi-quart de lieue. Il est rare cependant qu'on n'emploie pas quelques heures pour visiter la grotte, et c'est une des causes qui la fait estimer beaucoup plus grande qu'elle n'est réellement. On ne la parcourt pas en entier sans fatigue, et j'ai toujours vu quelqu'un de mes compagnons, par crainte ou lassitude n'en examiner qu'une partie, ou même s'arrêter au fond du vestibule sans oser pénétrer plus avant.

V.ᵉ LETTRE.

Hypothèses sur la formation de la Balme, Lithologie de cette Grotte, avec quelques observations thermométriques.

On ne saurait voir la magnifique excavation de la Balme, sans chercher les causes qui ont pu la produire. Quelques personnes ont imaginé qu'elle était l'extrémité des canaux souterrains occupés par le Rhône, dans l'intervalle de sa perte au lieu de sa sortie. Parce que les corps qu'on y jette ne reparaissent jamais, parce qu'il ressort parfaitement calme et limpide; on suppose qu'il s'est creusé sous terre des réservoirs immenses, qu'il a pu anciennement s'étendre très au loin, et se former à la Balme une issue. Mais sans contester à la nature la force d'opérer de tels prodiges, rien ne paraît indiquer qu'elle en ait fait de semblables ici, et qu'ils fussent nécessaires pour creuser la Balme.

Comment vouloir que le Rhône se soit fait des lits aussi immenses qu'il les faudrait pour parcourir un espace de dix lieues, s'y ouvrir une issue sans en profiter, et retraverser la même étendue de pays pour ressortir paisiblement à cent pas de sa chûte ? Autant vaudrait le faire remonter à sa source.

Si le lac de la Balme provenait des eaux du Rhône, il devrait croître avec elles, ce qui n'arrive que lorsque des pluies longues et générales augmentent par-tout les sources et les rivières. Enfin, le sable de la Balme serait de même nature que celui du Rhône, mais il en est tout différent.

Vous n'admettrez pas mieux le systême de ceux qui veulent que la grotte ait été creusée de main d'hommes, et qu'elle ne soit que le résultat d'une mine exploitée par les Romains ou les Gaulois. On ne connaît ni monument historique, ni tradition qui l'annoncent, et l'on ne voit rien dans la nature de la montagne ou dans ses environs, qui l'indiquent. On y a trouvé, dit-on, des instrumens pour battre monnaie, mais cela ne prouve rien, sinon que des faux monnayeurs, comme cela est arrivé ailleurs, ont profité de cette grotte pour en faire un laboratoire secret, où il était difficile de les surprendre.

Il est selon moi, beaucoup plus naturel de croire, que c'est à la fois au Rhône et aux pluies, qu'il faut attribuer la formation de la grotte et du lac.

A la seule inspection de la chaîne de montagnes où se trouve la Balme, du Rhône qui en est si près, et de son cours qui leur est parallèle, il paraît évident qu'autrefois ce fleuve battait les flancs de cette chaîne, et qu'il a pu dans certains endroits les ronger de manière à y creuser des excavations profondes, telles que le vestibule de la grotte. A cette action des courans dont la force est immense, ajoutez celle des sources intérieures et des pluies, qui auront pu agir dans les parties supérieures de la montagne ; vous concevrez facilement alors, qu'elles ont pu atteindre les parties inférieures déjà creusées par le Rhône, joindre leurs dégradations à ses ravages, détacher des rochers et prendre leur écoulement tel qu'on le voit encore de nos jours. Comme des mineurs qui se rencontrent, ces causes auront été d'autant plus efficaces, que le roc étant calcaire est moins dur à ronger ; que l'épaisseur de la montagne au-dessus du lac est petite, et que ses couches feuilletées facilitent beaucoup la filtration des eaux.

Quoique j'aie dit que je n'avais point vu d'eau descendre de la montagne dans le lac, je vous ai parlé de certaines profondeurs circulaires, telles que des canaux, placées dans quelques parties supérieures de la voûte : l'une des plus considérables est à l'extrémité du lac ; quoique son élévation et la difficulté d'y atteindre, depuis le sol mouvant d'un bateau, ne m'aient pas permis de l'examiner de près, je la crois cependant un des principaux conduits par lesquels les eaux se rendent au lac.

Enfin les habitans s'accordent à dire que les crues du lac n'ont lieu qu'après plusieurs jours de pluie, et qu'on trouve dans les parties de la montagne, qui sont au-dessus de la grotte, plusieurs endroits bas, creusés comme des réservoirs et souvent pleins d'eau. Tout cela me paraît expliquer aisément la formation de la grotte, et rendre raison de l'impossibilité d'arriver au lac, dans les saisons pluvieuses de l'année ; alors les eaux surabondantes surmontent les puits, atteignent la voute, obstruent le passage, se versent par les bassins, et remplissent le lit du torrent qu'elles alimentent.

La Balme étant peu élevée au-dessus de la plaine doit avoir été remplie par les eaux beaucoup plus tard que les autres grottes placées dans des lieux élevés ; aussi porte-t-elle par-tout l'empreinte du séjour de la mer. Dans la roche intérieure qui est calcaire, je n'ai vu aucun coquillage entier ou reconnaissable ; la couche extérieure au contraire, semble n'être qu'un détriment de coquilles de toute espèce, liées avec un ciment de même matière. Dans ce tritus on trouve beaucoup de pointes d'oursin, et de pierres judaïques. Il y a des masses considérables d'astroïtes pétrifiées, et dans leur cassure on découvre encore l'organisation primitive. Plusieurs de ces pétrifications ont été percées par les pholades. Dans les fentes perpendiculaires et dans les canaux dont j'ai parlé, on a trouvé des calcédoines, des agates, et même quelques petits cristaux de roche. Les roches feuilletées de la montagne sont souvent remarquables par de belles dendrites, et le fond du lac renferme une grande variété de madrépores.

Après les détails, peut-être trop minutieux, dans lesquels je suis entré, vous ne me pardonneriez pas, si je ne vous disais rien de mes observations thermométriques.

A l'entrée de la grotte, on sent toujours en Eté, un vent frais qui tient le mercure deux ou trois degrés plus bas que dans les lieux ordinaires, et plus on avance dans la grotte, plus il descend : ainsi, tandis qu'à Salettes il indiquait 20 degrés, il n'en marquait que 15 dans le vestibule de la grotte, et baissait graduellement en s'approchant du lac, à l'entrée duquel il n'était plus qu'à 12. Plongé dans l'eau il descendit à 10; mais à l'extrémité du lac, il était à ce même degré, soit à l'air, soit dans l'eau ; alors quoique celle-ci eût la même température aux deux extrémités du lac, cependant elle ne faisait pas la même impression sur la peau ; elle paraissait plus froide à l'entrée, parce que l'air y était plus chaud, tandis qu'au bout, elle semblait plus chaude, parce que l'air était plus froid. C'est pourquoi lors de ma natation, je n'étais pas plus affecté de passer de l'air à l'eau, que de l'eau à l'air. Il est donc probable que la température du fond du lac est à peu près la même dans toutes les saisons, que celle des caves, et qu'il est trop enfoui dans l'intérieur de la montagne, pour que son atmosphère éprouve les influences et les vicissitudes de celle du dehors.

Cette fraîcheur du lac doit donc servir d'avis aux voyageurs, afin qu'ils prennent garde de n'y pas arriver en transpiration, pour ne pas courir le risque de la voir supprimée, par un froid d'autant plus dangereux qu'il est toujours fort humide.

VI.ᵉ LETTRE.

Retour à Lyon par le Rhône.

Il est fâcheux qu'il n'y ait point d'auberge logeable au village de la Balme ; il serait commode d'y coucher, ou du moins de pouvoir y faire un bon repas ; parce qu'on ne visite pas la grotte sans y prendre une bonne dose d'appétit.

Dans mes premiers voyages, j'avais mon domicile à Hières ; dans les derniers, j'en ai trouvé un second à Salettes, où des hôtes pleins de bienveillance m'ont donné le lit et la table.

M. Binet y a fait l'acquisition du beau couvent des Chartreusines, où il a transporté la manufacture de terre de pipe, qu'il avait autrefois à Genève. Le Directoire qui l'avait appelé à Salettes, devait soutenir l'entreprise ; mais en cessant d'être, il en perdit les moyens, et M. Binet suspendit ses travaux. Il vient de les reprendre, et ses talens font présumer qu'on jouira bientôt à Lyon, des fruits d'une industrie qui rivalisait avec celle des Anglais.

De Salettes il est facile de revenir à Lyon par le Rhône. Chaque jour, lorsque les eaux ne sont pas trop élevées, on y voit descendre des penelles, c'est-à-dire, des bateaux de 30 à 40 pieds ; ils portent des marchandises, et sur-tout des bois à brûler qui viennent de la Savoie. On surveille leur passage, et les patrons se font un plaisir de vous embarquer avec eux.

Cette navigation m'a paru charmante ; la grandeur de notre bâtiment, chargé de planches brutes, permettait de s'y promener en tout sens, et la grande élévation de ses extrémités y formait comme deux belvédères, qui rendaient l'aspect du pays plus facile. Il y avait quelques passagers des deux sexes ; des chevaux, du bétail et des poules ; des meubles et un petit attirail de cuisine. Ici, était un groupe de gens qui jouaient aux cartes ; là, on visitait le fromage et la bouteille ; ailleurs, on dormait sur du foin ; enfin, les jeunes gens que j'avais avec moi, s'étaient faits une cabane, sous laquelle il était charmant de les voir exhaler cette gaîté vive et franche qui plaît tant à leur âge. Ces petites scènes sur un fleuve rapide, me représentaient le voyage de quelque famille Américaine sur l'Orénoque ou l'Ohio.

Les rives du Rhône alternativement arides ou cultivées, gracieuses ou sévères, offrent à tout instant un paysage nouveau. Tantôt, c'est un détroit obscur entre des terres élevées couvertes de bois; tantôt, c'est une espèce de lac, dont les eaux sont calmes et les bords éloignés; quelquefois le fleuve par un contour subit, se dérobe à l'œil, et semble retourner en arrière; quelquefois aussi, il roule droit en avant, et s'étend en longue perspective comme un vaste canal. Les îles, les hameaux, les villages, les habitations solitaires qu'on rencontre et dépasse, occupent les regards et vous captivent.

Ordinairement, malgré les sinuosités du Rhône, on vient de Salettes à Lyon dans six, quelquefois même quatre heures; mais si l'eau est basse, si les penelles sont trop chargées, ou si le vent est contraire la navigation devient lente, pénible, ou même impossible. J'en fis l'expérience; un ciel serein, une température agréable, un soleil ravissant, tout semblait nous promettre une descente facile ; mais un vent, auquel à peine on ferait attention sur la terre, ralentit notre course depuis Loyettes, et enfin l'arrêta tout-à-fait à Anthon.

C'est un village avec un château sur la rive gauche du Rhône, en face de son confluent avec la rivière d'Ain. La rive d'Anthon est très-escarpée, tandis que l'autre est fort basse. Nous suivîmes le patron sur une petite éminence, d'où il épiait le vent, et d'où l'on a une perspective extrêmement étendue ; l'œil s'y perd au loin dans d'immenses plaines, qu'on croirait presque désertes. L'Ain qui les traverse, y exerce souvent ses ravages ; il semble se plaire à créer des solitudes, comme pour repousser l'homme de ses bords. Cette vue, dont quelques parties sont riantes, peut passer pour magnifique par son immensité ; mais elle a je ne sais quoi de sévère qui inspire la tristesse et la mélancolie.

Après plusieurs heures d'une attente pénible, le vent étant un peu tombé, nous reprîmes notre navigation qui devint de plus en plus délicieuse. A la variété des sites se joignirent bientôt les charmes d'une belle soirée et d'un riche couchant. Alors le constraste de la lumière et des ombres est plus marqué, le soleil dore les objets qu'il éclaire, l'air paraît plus épuré, et les sens semblent mieux disposés à jouir.

Vis-à-vis le village de Jons, nous eûmes le spectacle curieux d'un immense troupeau de vaches obligées pour revenir du pâturage à leurs étables, de traverser le Rhône à la nage. Les plus jeunes moins expérimentées, témoignaient plus de crainte et ne se mettaient à l'eau que les dernières; aussi n'étant pas soutenues par le bataillon serré des autres, elles dérivaient et s'exposaient davantage.

La navigation du Rhône, malgré la quantité de ses eaux, n'est pas toujours facile. On y rencontre des bas-fonds, des bancs de sable, ou des îles, qui lui ôtent souvent en profondeur, ce qu'elles lui donnent en largeur, et dans quelques endroits rétrécissent tellement le passage, que ce n'est quelquefois qu'à force de rames et d'adresse qu'on évite d'engraver. Cet accident n'est pas dangereux pour les personnes, mais il retarde, inquiète, et dans certains cas peut devenir funeste au bâtiment.

Comme le Rhône était fort bas, et qu'il était presque nuit, lorsque nous approchâmes de Thil, nos mariniers ne voulurent pas aller plus loin et nous forcèrent d'y coucher dans une auberge solitaire, à cent pas du rivage, et où les voyageurs, hommes et femmes, sont obligés de coucher pêle-mêle dans une vaste chambre, sans porte, meublée de mauvais lits, qui se touchent presque tous; où l'on arrive à toutes les heures de la nuit, et si triste qu'on serait tenté de prendre pour un bonheur de n'y pouvoir sommeiller un instant. Heureusement que nous en pûmes repartir à l'aube du jour; alors les beautés toujours nouvelles du lever de l'aurore, les feux du soleil qui semblaient embraser l'horizon, et les plaisirs renaissans d'une vue agréable et variée, nous firent bientôt oublier le gîte d'où nous sortions.

Nous descendîmes de Thil à Lyon dans trois heures : cette partie du cours du fleuve est d'autant plus intéressante, qu'à ses beautés naturelles, il réunit toutes celles qui résultent des approches d'une grande cité. La belle suite de maisons depuis St.-Clair à Perrache ; les hauteurs de la Croix-Rousse, de Fourvières, et les nombreuses campagnes qui les décorent, vues de notre penelle, à demi-lieue de la ville, présentaient un ensemble ravissant, qu'il faut avoir vu pour s'en former l'idée. En effet, comme s'il était fier de baigner les murs de la seconde ville de France, le Rhône semble vouloir parer ses bords de tout ce qui les peut embellir, jusqu'à ce qu'enfin, réunissant toutes ses eaux, auparavant divisées par de nombreuses îles, il en vienne déposer majestueusement le tribut, le long des superbes quais qu'il arrose.

Appendice.

Les voyageurs pressés par le temps, doivent prendre la poste pour coucher à Meximieux, où l'on va dans quatre heures ; là, ils doivent s'arranger avec le maître de poste pour qu'il les fasse conduire directement à la Balme par le port de Lanieux ;

ce qui prend au moins trois heures. Si l'on ne veut pas passer le Rhône avec la voiture, il faut, de Meximieux aller par Chazel et Ste.-Julie à Proulieu, où l'on traverse le Rhône en bateau vis-à-vis de Salettes, d'où l'on va dans un quart-d'heure à la Balme, par une route agréable et facile.

En partant de Meximieux à six heures du matin, on peut y être de retour sur les trois heures de l'après-midi, et revenir coucher à Lyon.

Les relations les plus détaillées de la Balme se trouvent dans l'Histoire du Dauphiné par Chorrier ; dans les mémoires de l'Académie des Sciences ; dans l'Encyclopédie et le Dictionnaire de Bomare.

F I N.

www.ingramcontent.com/pod-product-compliance
Lightning Source LLC
LaVergne TN
LVHW021718080426
835510LV00010B/1034